MI LIBRO DE LECTURA Y ESCRITURA

Mc
Graw
Hill

COVER: Nathan Love.

mheducation.com/prek-12

Copyright © 2020 McGraw-Hill Education

Send all inquiries to:
McGraw-Hill Education
Two Penn Plaza
New York, New York 10121

ISBN: 978-0-07-702798-8
MHID: 0-07-702798-1

Printed in the United States of America.

6 7 8 9 LMN 23 22

A

¡Bienvenidos a Maravillas!

Explora textos apasionantes de Literatura, Ciencias y Estudios Sociales.

★ **LEE** acerca del mundo que te rodea.

★ **PIENSA, HABLA** y **ESCRIBE** sobre géneros literarios.

★ **COLABORA** en charlas e investigaciones.

★ **¡EXPRÉSATE!**

my.mheducation.com

Con tus datos de acceso podrás leer textos, practicar fonética, ortografía, gramática y mucho más.

Unidad 2 Vamos a explorar

La gran idea

Semana 1 • Cosas que usamos

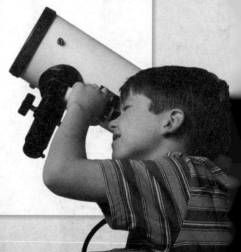

Semana 2 • Figuras por todos lados

Semana 3 • Un mundo de insectos

Escritura y gramática

Conclusiones de las unidades 1 y 2

Vamos a explorar

Comenta qué hacen los niños en su exploración. Habla en voz alta y clara. También sigue las reglas de la gramática al hablar.

Encierra en un círculo las cosas que usan los niños para explorar.

La
gran idea

¿Qué descubrirías
si vas de
exploración?

Coméntalo

¿? **Pregunta esencial** ¿Qué cosas nos sirven para explorar?

Conversa acerca de la herramienta de la foto. ¿Para qué la usa la niña?

 Dibuja lo que puedes ver con esta herramienta.

Vuelve a contar el texto.

 Dibuja una herramienta interesante del texto.

Evidencia en el texto

Página

Conversa acerca de las distintas herramientas que usamos.

 Dibuja y **escribe** acerca de una de esas herramientas. Muestra cómo la usamos.

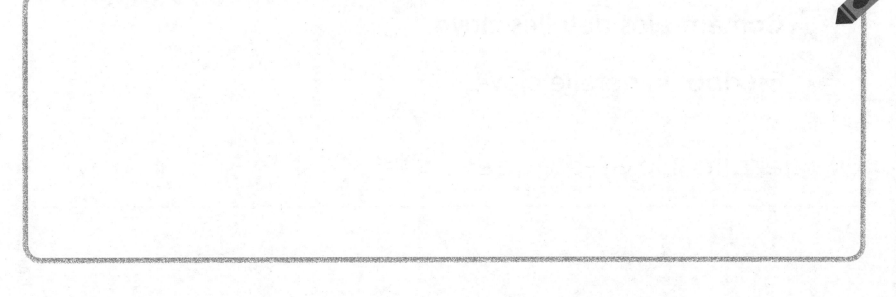

Esta herramienta es

_____

- -

_____

Los textos de no ficción pueden tener fotos para ayudarte a entender la información. Las fotos dan detalles clave sobre el tema.

 Escucha una parte del texto.

 Comenta los detalles clave.

 Escribe un detalle clave.

Un detalle clave es que

_____

- - - - - - - - - - - - - - - - -

_____

_____

- - - - - - - - - - - - - - - - -

Dibuja el detalle que escribiste.

Mira las páginas 10 y 11.

 Comenta algo en lo que se parecen las fotos. Di en qué se diferencian.

 Dibuja en qué se diferencian.

Mira las páginas 34 y 35.

 Comenta para qué están muy "a mano" las manos.

 Dibuja y **escribe** tus ideas.

Las manos están a mano para

_____

- -

Buscar evidencias

 Lee para saber lo que usan los niños.

 Lee y señala cada palabra de la oración.

El mapa

Matías Alvarado

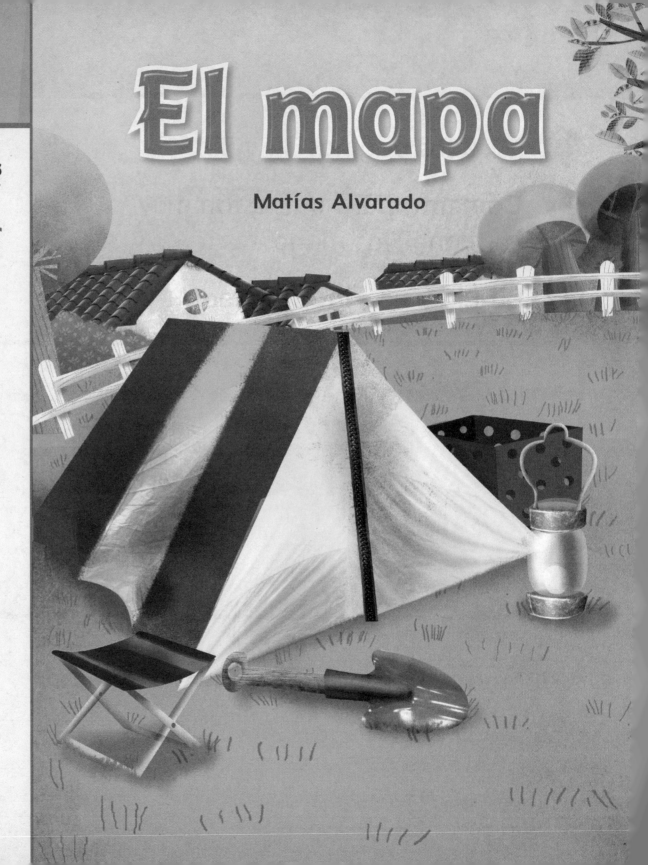

Tomo un .

libro

Lectura compartida

 Encierra en un **círculo** la cosa cuyo nombre empieza con el mismo sonido y letra que **luna**.

 Subraya la palabra que empieza con la sílaba **lu**.

Tomo el mapa.

Tomo la lupa.

Lectura compartida

 Buscar evidencias

 Encierra en un círculo la palabra **un**.

 Haz preguntas después de leer el cuento. Eso te ayudará a entender lo que has leído. Luego, vuelve a contar el cuento.

¡Toma la pala, Telma!

¡Veo un !

tesoro

Mira las fotos.
¿Qué cosas usamos para descubrir?

 Encierra en un círculo lo que usa el niño para descubrir.

 Encierra en un cuadrado lo que puede ver de cerca con esa herramienta.

Acuérdate

Podemos hacer preguntas antes, durante y después de la lectura para entender mejor lo que leemos.

Comenta por qué la herramienta ayuda al niño a descubrir.

 Dibuja algo que puedes descubrir con esta herramienta.

Coméntalo

Conversa acerca de lo que puedes aprender a partir de la foto pequeña.

Buscar evidencias

 Haz las preguntas que tengas antes de leer. Eso te ayudará a obtener información. Luego, lee para saber qué cosas ve Lolo.

 Encierra en un círculo la palabra que empieza con **L** mayúscula.

Lolo

Marisa Cattani

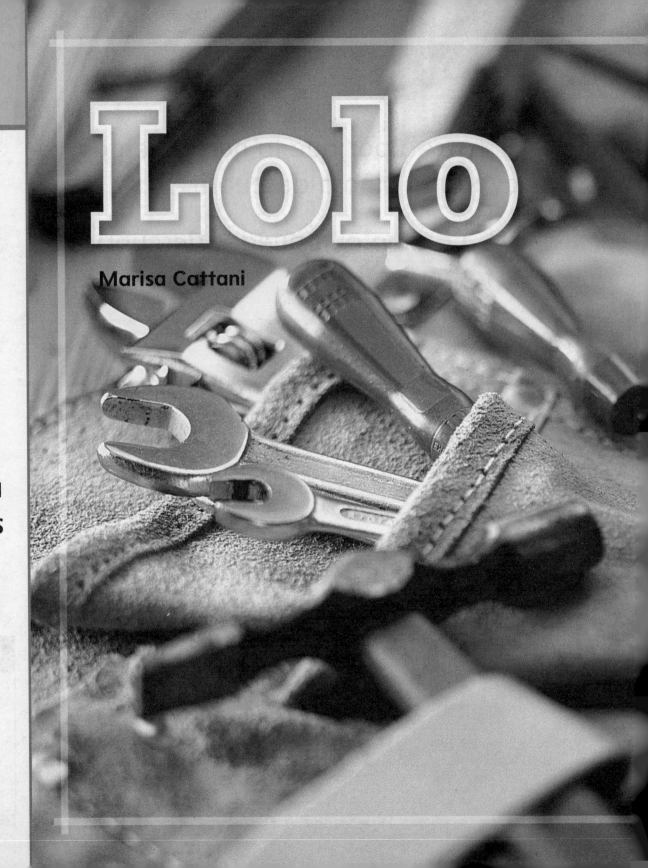

Veo la mesa.

Buscar evidencias

 Subraya la palabra que empieza con la misma sílaba que lame.

 Encierra en un círculo la palabra un.

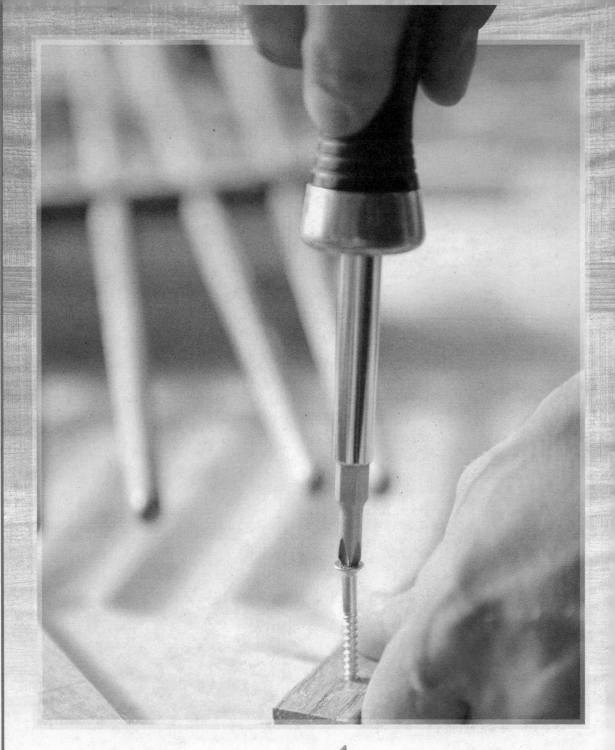

Veo un .

tornillo

Veo la lata.

Lectura compartida

 Encierra en un círculo las herramientas en la página 28.

 Haz preguntas que tengas sobre el texto después de leerlo. Eso te ayudará a obtener información. Luego, vuelve a contar el texto.

Veo el .

martillo

¡Soy Lolo!

Investiga una herramienta

Paso 1 **Conversa** acerca de las herramientas que los científicos usan para descubrir. Elige una para investigar.

Paso 2 **Escribe** una pregunta acerca de cómo usan los científicos esta herramienta.

_____

_____

_____

_____

Paso 3 **Mira** libros o usa internet.

Paso 4 Dibuja lo que aprendiste.

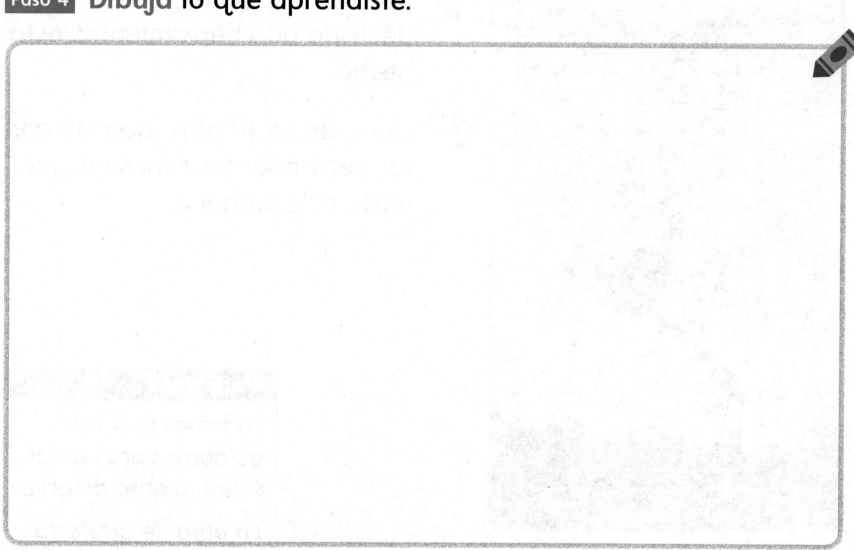

Paso 5 Elige una buena forma de presentar tu trabajo.

 Mira esta obra de arte. Intenta decir de qué herramientas está hecha.

 Compara esta obra de arte con las herramientas sobre las que leíste esta semana.

Acuérdate

Podemos usar estas palabras para hablar sobre la obra de arte.

La obra de arte está hecha de _____.

Las herramientas que veo son _____.

Gunter Marx/BI/Alamy Stock Photo

Lo que sé ahora

Piensa en los textos que leíste esta semana.

Los textos hablan de

_____

- - - - - - - - - - - - - - - - - -

_____

- - - - - - - - - - - - - - - - - -

_____

 Piensa en lo que aprendiste esta semana. ¿Qué más te gustaría saber? Comenta tus ideas.

 Comenta algo que aprendiste acerca de los textos de no ficción.

¿? **Pregunta esencial** ¿Qué figuras ves a tu alrededor?

Conversa acerca de las figuras que ves en la foto.

 Dibuja y **rotula** las figuras que ves.

Vuelve a contar el texto.

 Dibuja un dato interesante del texto.

Evidencia en el texto

Página

Conversa acerca de las figuras que ves a tu alrededor.

 Dibuja una de esas figuras.

 Escribe el nombre de la figura.

Los textos de no ficción pueden tener pies de foto. Los pies de foto dan detalles clave sobre las fotos.

 Escucha una parte del texto.

 Conversa acerca de los pies de foto que dan detalles clave.

 Escribe un detalle clave.

Un detalle clave es que

_____

_____

_____

_____

Mira la página 22. ¿Qué figuras ves?

 Conversa acerca del nombre de cada figura.

 Dibuja y **escribe** acerca de las figuras.

Una de las figuras que veo es

Lectura compartida

🔍 **Buscar evidencias**

Lee para saber lo que dibuja Susi.

Subraya las palabras que empiezan con S mayúscula.

Susi

Luciano Bello

Toma, Susi.

Lectura compartida

 **Buscar evidencias**

Subraya la palabra que tiene la sílaba **so**.

Encierra en un círculo los triángulos.

¿Es un oso?

¿Es un sapo?

Lectura compartida

 Buscar evidencias

 Subraya la palabra **es**.

 Haz preguntas que tengas acerca del cuento. Luego, vuelve a contarlo.

¿Es el Sol?

¡Es un !
niño

Mira las fotos. ¿Qué dos grupos de figuras ves?

 Comenta en qué se diferencian los objetos de cada grupo.

 Encierra en un círculo el cuadrado que es suave.

 Encierra en un cuadrado el círculo que rebota.

Acuérdate

Para **comparar** figuras, podemos hablar de su tamaño, su textura y su color.

Escribe en qué se diferencia una de las figuras de cada grupo.

Uno de los cuadrados es diferente porque

_____

- -

_____

Uno de los círculos es diferente porque

_____

- -

_____

Coméntalo

Conversa acerca de otras cosas que no son iguales, aunque tengan la misma forma.

Lectura compartida

 Buscar evidencias

 Lee para saber quién es Sami.

 Encierra en un círculo el objeto que tiene un nombre que empieza con **s**.

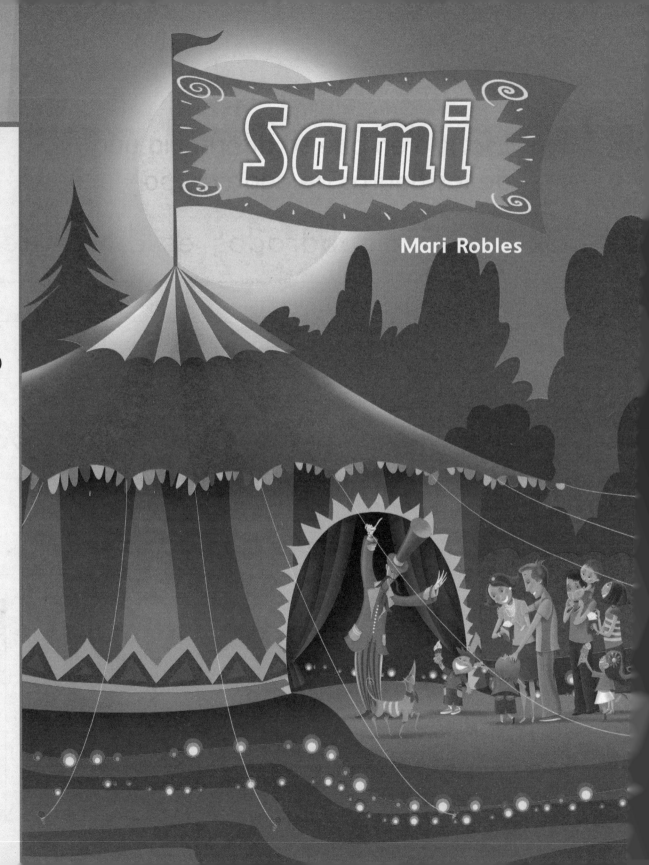

Sami

Mari Robles

Este es mi ▮.
sombrero

Lectura compartida

 Buscar evidencias

 Encierra en un círculo la palabra **es**.

 Subraya la palabra que termina con la sílaba **so**.

Así es mi .
botón

Así uso el .
pantalón

Lectura compartida

 Buscar evidencias

 Encierra en un círculo las palabras que empiezan con **S** mayúscula.

 Vuelve a contar el cuento. Usa las palabras y las ilustraciones como ayuda.

¡Sí, así soy yo!

¡Soy el payaso Sami!

Investiga una figura

Paso 1 Conversa acerca de las figuras que ves en tu salón de clase.

Paso 2 Escribe una pregunta acerca de cuántas figuras de cada tipo hay.

_____

- -

_____

_____

- -

_____

Paso 3 Mira tu salón de clase.

Paso 4 Escribe cuántas figuras de cada tipo ves.

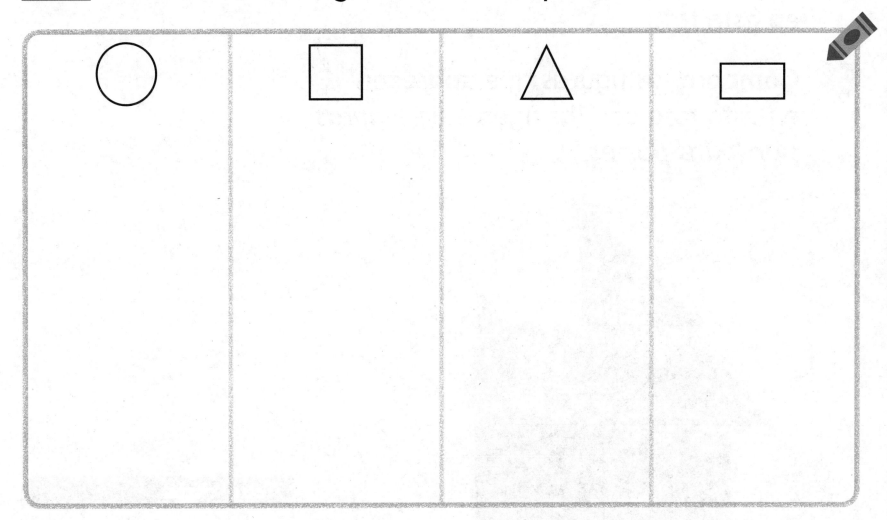

Paso 5 Elige una buena forma de presentar
tu trabajo.

Comenta las figuras que ves en esta foto.

 Compara las figuras que aparecen en esta foto con las figuras de *Figuras por todas partes*.

Acuérdate

Podemos mirar las fotos en busca de detalles que den información.

supermimicry/iStock/Getty Images

Lo que sé ahora

Piensa en los textos que leíste esta semana.

Los textos hablan de

_____

- -

_____

- -

_____

 Piensa en lo que aprendiste esta semana. ¿Qué más te gustaría saber? Comenta tus ideas.

 Comenta algo que aprendiste acerca de los textos de no ficción.

Coméntalo

 Pregunta esencial ¿Qué clases de insectos conoces?

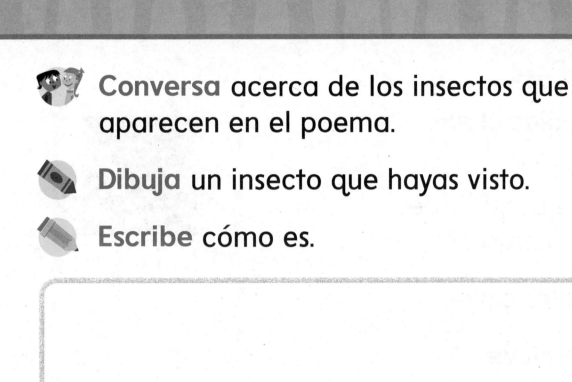

Conversa acerca de los insectos que aparecen en el poema.

Dibuja un insecto que hayas visto.

Escribe cómo es.

Este insecto

_____

- -

_____

Las palabras y las ilustraciones de un poema pueden dar **detalles clave**.

 Escucha una parte de *¿Dónde está Juan Perol, el caracol?*

 Comenta los detalles clave.

 Escribe un detalle clave.

Un detalle clave es que

_____

- -

_____

_____

- -

_____

Dibuja el detalle que escribiste.

Mira las páginas 18 y 19.

 Comenta qué piensa el autor que debe hacer Juan Perol.

 Escribe tus ideas.

El autor piensa que Juan Perol debe

_____

- -

_____

_____

- -

_____

Escucha las palabras que riman en *¿Dónde está Juan Perol, el caracol?*

 Comenta por qué estas palabras hacen que aprender sobre Juan Perol sea divertido.

 Dibuja el insecto que rima con **abajo**.

Algunas palabras que riman en el poema son

_____

- -

_____

Buscar evidencias

 Lee para saber qué ve Amapola.

 Subraya las palabras **yo**, **soy** y **la**.

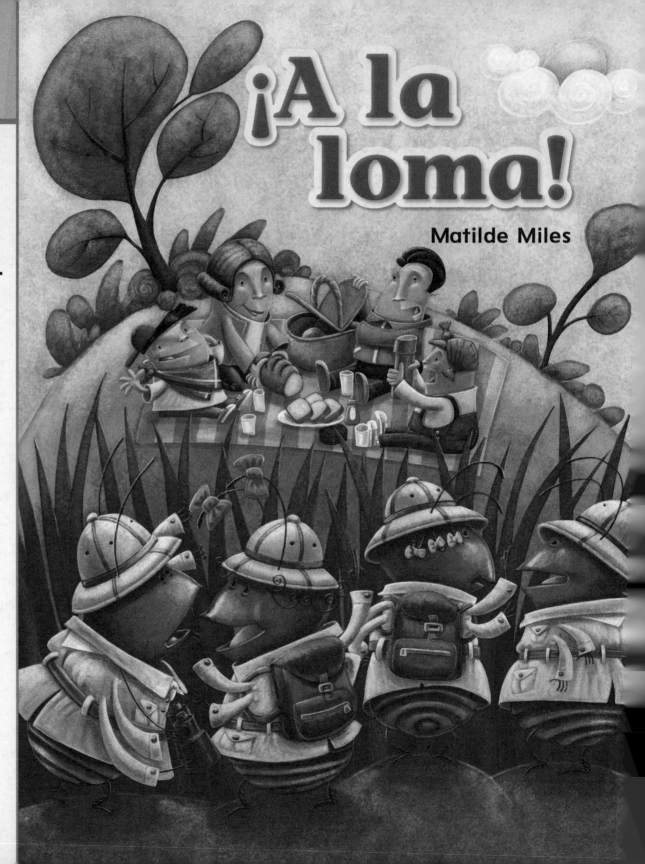

¡A la loma!

Matilde Miles

Yo soy Amapola.

Lectura compartida

Buscar evidencias

 Subraya la palabra que empieza con la misma sílaba que **topo**.

 Encierra en un círculo lo que ve Amapola en la página 71.

Veo un .

pan

¡Veo estos tomates!

Buscar evidencias

 Encierra en un círculo la palabra que tiene la sílaba **tel.**

 Vuelve a contar el cuento. Usa las palabras y las ilustraciones como ayuda.

¡Es un pastel!

¡Todos a la loma!

Mira las fotos y los pies de foto.
¿Qué dicen acerca de los diferentes
insectos?

El ciempiés tiene muchas patas.

Un saltamontes salta desde una hoja.

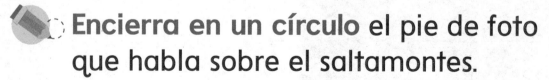 **Encierra en un círculo** el pie de foto
que habla sobre el saltamontes.

 Encierra en un cuadrado el pie de
foto que habla sobre el ciempiés.

Acuérdate

Los **pies de foto**
hablan de lo que se
ve en las fotos.

Compara los insectos de las fotos.

 Dibuja uno de los insectos.

 Escribe un pie de foto.

Coméntalo

¿Cómo presenta el autor la información sobre los insectos?

Buscar evidencias

Haz las **preguntas** que tengas antes de leer. Eso te ayudará a obtener información. Luego, lee para saber qué hace la oruga.

Subraya la palabra que tiene la sílaba **al**.

Pasito a paso

Ángeles Rossi

¡Alto! Esta es la oruga.

Lectura compartida

 Buscar evidencias

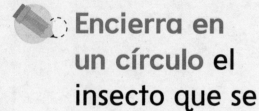 Encierra en un círculo el insecto que se asoma.

 Subraya la palabra que tiene la sílaba **sa**.

Así se asoma la .

oruga

Así se posa la oruga.

Lectura compartida

Buscar evidencias

 Subraya las palabras **veo**, **yo** y **la**.

 Vuelve a contar el texto. Usa las palabras y las fotos como ayuda.

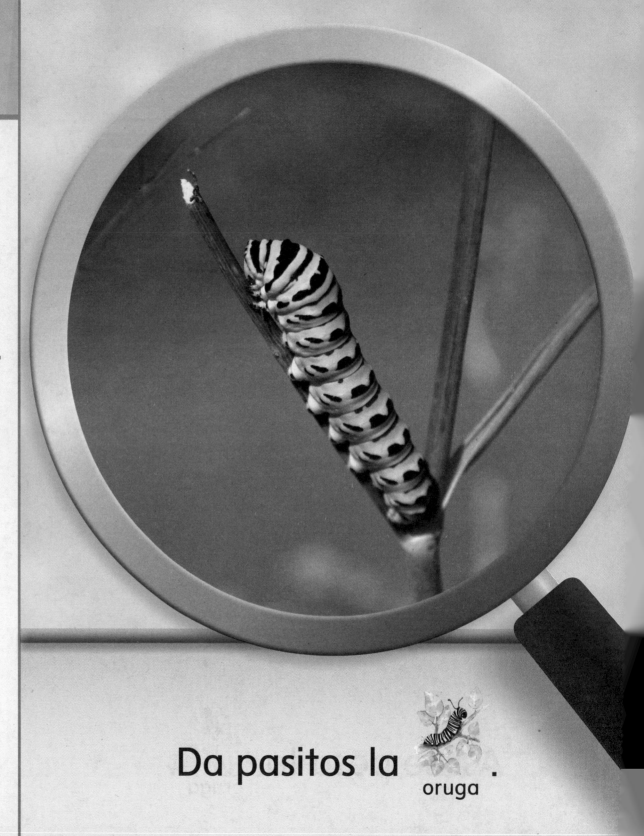

Da pasitos la .
oruga

Pasito a paso, yo la veo.

Búsqueda e investigación

Investiga un insecto

Paso 1 **Conversa** acerca de las diferentes clases de insectos. Elige uno e investiga acerca de él.

Paso 2 **Escribe** una pregunta acerca de este insecto.

_____

- -

_____

_____

- -

_____

Paso 3 **Mira** libros o usa internet.

Lo que sé ahora

Piensa en los textos que leíste esta semana.

Los textos hablan de

_____

- -

_____

- -

_____

 Piensa en lo que aprendiste esta semana. ¿Qué más te gustaría saber? Comenta tus ideas.

 Comenta algo que aprendiste acerca de la poesía.

Escritura y gramática

No ficción

Escribí un texto de no ficción. Tiene datos acerca de un tema.

No ficción
En mi texto, hay datos sobre la oruga.

Modelo del estudiante

La oruga

La oruga come muchas hojas.

Luego, ¡la oruga se vuelve mariposa!

Carol

RubberBall Productions/Getty Images

Género

 Comenta cómo sabes que lo que escribió Carol es un texto de no ficción.

 Encierra en un círculo el tema.

 Subraya un dato.

Plan

 Comenta temas para un texto de no ficción. Elige uno para escribir.

 Dibuja algo acerca de tu tema.

Acuérdate

Piensa en temas sobre los que te gustaría saber más.

Escribe tu tema.

_____

- -

Mi tema es _____

 Dibuja un dato sobre tu tema.

Borrador

Lee el borrador del texto de Carol.

Acuérdate

El **borrador** es lo primero que escribimos.

En él escribimos las primeras ideas.

Modelo del estudiante

La oruga

La oruga come hojas.

Luego, ¡la oruga es una mariposa!

Detalles clave
Escribí un detalle acerca de mi tema.

 Tu turno

Comienza a escribir tu texto de no ficción en tu cuaderno de escritura. Usa tus ideas de las páginas 88–89.

Revisión y corrección

Piensa en cómo Carol revisó y corrigió su texto.

Añadí detalles para que el texto sea más claro.

Modelo del estudiante

La oruga

La oruga come muchas hojas.

Luego, ¡la oruga se vuelve

mariposa!

Usé un **sustantivo** femenino con un artículo femenino.

Usé un **verbo** más claro.

Gramática

- Un **sustantivo** es una palabra que nombra a personas, lugares o cosas. Hay sustantivos masculinos y sustantivos femeninos.

- Un **verbo** es una palabra que indica lo que alguien o algo está haciendo.

Tu turno

Revisa y corrige tu texto. Asegúrate de incluir sustantivos y verbos. Consulta tu lista de comprobación.

Comparte y evalúa

 Practica tu presentación con un compañero.

 Presenta tu trabajo.
Luego, usa la lista de comprobación.

Mi trabajo	Sí	No
Escritura y gramática		
Escribí un texto de no ficción.	☐	☐
Añadí datos y detalles.	☐	☐
Usé sustantivos y verbos.	☐	☐
Hablar y escuchar		
Hablé en voz alta y con claridad.	☐	☐
Seguí las normas gramaticales.	☐	☐
Escuché con atención.	☐	☐
Hice preguntas.	☐	☐

Conversa con un compañero acerca de tu texto.

Escribe acerca de tu trabajo.

¿Qué cosas hiciste bien?

_____

- -

_____

- -

_____

¿En qué debes seguir trabajando?

_____

- -

_____

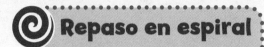

Repaso en espiral

Género
- Cuento folclórico
- No ficción
- Poesía

Destreza
- Detalles clave
- Rima y ritmo

Enfoque en los cuentos folclóricos

Un **cuento folclórico** es un cuento inventado que la gente contaba hace mucho tiempo. En un cuento folclórico, casi siempre un personaje resuelve un problema.

 Escucha "Timimoto". Piensa por qué es un cuento folclórico.

 Conversa acerca de los detalles clave de este cuento folclórico. ¿Cómo usa Timimoto sus herramientas?

Dibuja un detalle importante del texto.

 Comenta cómo algunos instrumentos nos ayudan a observar la naturaleza.

Enfoque en la poesía

Un **poema** es un grupo de palabras que expresa un sentimiento o una idea. Los poemas pueden tener **rima** y **ritmo**.

 Escucha "¿Quién viene?".

 Menciona palabras del poema que riman.

Acuérdate

Las palabras que **riman** terminan con los mismos sonidos o sonidos parecidos. Las palabras del poema **chicharras** y **cigarra** riman.

Dibuja algo que rime con las palabras **chicharra** y **cigarra**.

 Escucha "Mariposa del aire". Sigue el ritmo dando palmadas.

 Comenta por qué un poema es diferente de un cuento.

Acuérdate

Cuando leemos las palabras de un poema, escuchamos el **ritmo**. El ritmo es un patrón que se repite y marca el tiempo.

Elige un libro

 Escribe el título del libro.

Acuérdate

Intenta leer durante un tiempo un poquito más largo cada vez.

_____

- - - - - - - - - - - - - - - - - -

_____

 Di a un compañero por qué quieres leerlo. Luego, lee el libro.

Minutos que leí

 Escribe tu opinión acerca del libro.

_____

- - - - - - - - - - - - - - - - - -

_____

- - - - - - - - - - - - - - - - - -

_____

¿Qué aprendiste?

Piensa en las destrezas que aprendiste. ¿Cómo te sientes acerca de lo que has aprendido a hacer?

 Encierra en un círculo un dibujo en cada fila.

Entiendo los detalles clave.	🙂	😐	☹️
Entiendo la rima y el ritmo.	🙂	😐	☹️

Comenta con un compañero en qué quieres mejorar.

Tarjetas de fonética

Aa
a
abeja

Bb
ba be bi
bo bu
bate

Cc
ca co cu
camello

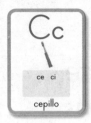

Cc
ce ci
cepillo

Ch ch
cha che chi
cho chu
chaleco

Dd
da de di
do du
delfín

Ee
e
elefante

Ff
fa fe fi
fo fu
fuego

Gg
gue gui güe güi
ga go gu
guitarra

Gg
ge gi
gema

Hh
ha he hi
ho hu
hipopótamo

Ii
i
iguana

Jj
ja je ji
jo ju
jirafa

Kk
ka ke ki
ko ku
koala

Ll
la le li
lo lu
limón

Ll ll
lla lle lli
llo llu
llave

Mm
ma me mi
mo mu
mapa

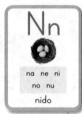

Nn
na ne ni
no nu
nido

Ññ
ña ñe ñi
ño ñu
ñandú

Oo
o
oso

Pp
pa pe pi
po pu
piano

Qq
que qui
queso

Rr
ra re ri ro ru
-rra -rre -rri
-rro -rru
rosa

Rr
-ra -re -ri -ro -ru
pera

Ss
sa se si
so su
sol

Tt
ta te ti
to tu
tortuga

Uu
u
uvas

Vv
va ve vi
vo vu
volcán

Yy
ya ye yi
yo yu
yo-yo

Zz
za ze zi
zo zu
zapato

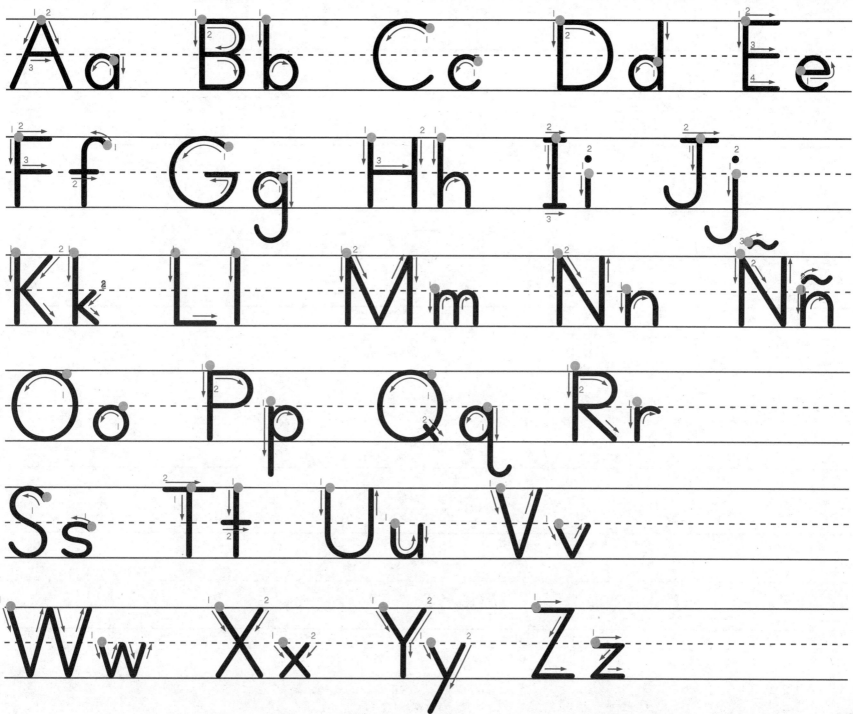